KANN DER WUCHERER NACH DEM BÜRGERLICHEN GESETZBUCHE DAS DEM BEWUCHERTEN GELEISTETE KONDIZIEREN?

VON

DR. IUR. FELIX EICHLER

LEIPZIG
VERLAG VON VEIT & COMP.
1908

Leipziger juristische Inauguraldissertation

Druck von Metzger & Wittig in Leipzig.

Inhalt.

Einleitung.

Die Frage, ob der Wucherer berechtigt sein soll, die dem Bewucherten geleisteten Vorteile zu kondizieren, hat heute im Gegensatz zum früheren Rechte eine spezielle Regelung nicht erfahren, wie überhaupt das Bürgerliche Gesetzbuch und Einführungsgesetz nur je eine Bestimmung aufweisen, in denen der Wucher Gegenstand besonderer Behandlung ist.

Während nämlich § 138 Abs. 2 BGB. den Begriff des Wuchers festlegt, spricht Art. 47 EG. zum BGB. nur von der Aufhebung des Artikel 3 des Wuchergesetzes vom 24. Mai 1880 in der Fassung des Art. II des Gesetzes „betreffend Ergänzung der Bestimmungen über den Wucher“ vom 19. Juni 1893.

Bis zum Inkrafttreten des Bürgerlichen Gesetzbuches war Artikel 3 dieser sogenannten Reichswuchergesetze von ausschlaggebender Bedeutung für die privatrechtliche Behandlung des Wuchers und enthielt u. a. auch die Sondervorschrift:

> Der Gläubiger ist berechtigt, das aus dem ungültigen Vertrage Geleistete zurückzufordern.

Dieser anspruchsberechtigte Gläubiger sollte der Wucherer sein, der entsprechend der ersten Fassung des Artikel 3, die eben ursprünglich nur den Fall des Kreditwuchers im Auge hatte, auch tatsächlich keine andere Rolle als die eines Gläubigers einnehmen konnte.

Trotz Aufhebung von Artikel 3 mitsamt der genannten Spezialvorschrift kennt, wie bereits hervorgehoben, das Bürgerliche Gesetzbuch eine dieselbe ersetzende Sonderregelung ihres Gegenstandes, der Kondiktion des Wucherers, nicht. Soll diese damit heute für immer beseitigt gelten?

Ob dem so ist, lassen Motive und Protokolle zum BGB. nicht erkennen, da Abs. 2 von § 138 sowie Artikel 47 EG. zum BGB. erst im Reichstage auf Vorschlag der Reichstagskommission zur Beratung des Entwurfes eines Bürgerlichen Gesetzbuches in den Gesetzestext eingefügt worden sind.

Im Berichte dieser Reichstagskommission heißt es nun wörtlich:[1]

> Die besonderen Vorschriften des Artikel 3 über die zivilrechtlichen Folgen des Wuchers seien nur mit Rücksicht auf die Verschiedenheit der Landesgesetze aufgenommen worden. Nach dem Inkrafttreten des Bürgerlichen Gesetzbuches müßten dessen Vorschriften über ungerechtfertigte Bereicherung und über unerlaubte Handlungen an die Stelle treten.

Maßgebend für die Beantwortung der Frage sind demnach im heutigen Rechte allein die Normen der Lehre von der ungerechtfertigten Bereicherung, wie sie in den §§ 812ff. BGB. gegeben sind.

Um beurteilen zu können, inwieweit überhaupt eine ungerechtfertigte Bereicherung des Bewucherten auf Kosten und durch die Leistung des Wucherers denkbar ist, wird sich zunächst eine Prüfung der rechtlichen Natur des Wuchergeschäftes, wie insbesondere der Leistung des Wucherers empfehlen.

---

[1] S. 44 des Berichtes.

Erster Teil.

Die rechtliche Natur des Wuchergeschäftes im Bürgerlichen Gesetzbuche.

§ 1.

Das Wuchergeschäft nach Bürgerlichen Gesetzbuch im allgemeinen.

Der Ausdruck „Wucher“ ist im § 138 Abs. 2 BGB. vermieden und nur der Wucherbegriff wie folgt bestimmt worden:

> Nichtig ist insbesondere ein Rechtsgeschäft, durch das jemand unter Ausbeutung der Notlage, des Leichtsinns oder der Unerfahrenheit eines anderen sich oder einem Dritten für eine Leistung Vermögensvorteile versprechen oder gewähren läßt, welche den Wert der Leistung dergestalt übersteigen, daß den Umständen nach die Vermögensvorteile in auffälligem Mißverhältnisse zu der Leistung stehen.

Diese Definition des Wuchers ist die denkbar weiteste. Sie beschränkt sich nicht mehr wie im Gesetz vom 24. Mai 1880 auf die Fälle des Kreditwuchers und wie nach der Novelle von 1893 auch auf solche gewerbs- oder gewohnheitsmäßigen Sachwuchers. Das dort früher festgehaltene Erfordernis der Gewerbs- oder Gewohnheitsmäßigkeit hat man heute fallen gelassen. Nach § 138 Abs. 2 kann schlechthin die Mehrzahl aller zweiseitigen Rechtsgeschäfte wucherisch und damit nichtig sein, so z. B. Darlehns-, Kredit-, Umsatz-, Vermittelungsgeschäft, Gesellschafts-, Arbeitsvertrag,[1] oder sonstiges Geschäft des täglichen Lebens wie im besonderen Kauf, Miete und dergl. mehr.

In jedem Falle ist das Wuchergeschäft ein entgeltlicher Vertrag, dessen Inhalt auf eine Leistung Bezug nimmt. Der Text des Gesetzes „nichtig ist insbesondere“ kennzeichnet das Wucher-

[1] Rehbein, 1. Bd. S. 186 in fine.

geschäft lediglich als eine Unterart[1] des nach § 138 Abs. 1 gegen die guten Sitten verstoßenden Rechtsgeschäftes. Was unter dem Begriff „gute Sitten“ zu verstehen ist, kann hier dahingestellt bleiben. Die Beantwortung der Frage, ob ein Verstoß gegen die guten Sitten vorliegt, ist im Gegensatze zu § 138 Abs. 1 im Falle des Wuchers nicht mehr dem freien richterlichen Ermessen überlassen, hier schreibt vielmehr das Gesetz im Abs. 2 vom § 138 selbst ausdrücklich vor, daß ein Tatbestand als gegen die guten Sitten verstoßend zu erachten ist.[2]

Erfüllt ein prozeßmäßig feststehender (z. B. auch nach §§ 138, 331 ZPO.) Tatbestand die Erfordernisse des § 138 Abs. 2 BGB., so steht für den Richter die — absolute[3,4] — Nichtigkeit fest.

Es würde zu weit führen, im einzelnen auf alle Voraussetzungen einzugehen, die nach § 138 Abs. 2 BGB. in ihrer Gesamtheit den Wucher ergeben. Nicht unerwähnt darf dagegen an dieser Stelle die Leistung des Wucherers bleiben, deren Zurückforderung in Frage steht. Auf alles nur Mögliche zielend, muß diese Leistung doch immer Trägerin eines Vermögenswertes sein, der nach den Umständen in auffälligem Mißverhältnisse zu den von dem Bewucherten versprochenen oder gewährten Vermögensvorteilen steht.

Schon hieraus erhellt die enge Zugehörigkeit der vom Wucherer zu bewirkenden Leistung zum Wesen des Wuchergeschäftes. Ohne die Leistung würde der Wucherbegriff in ein Nichts zerfließen, denn wucherisch ist ein Rechtsgeschäft nur, wenn man nach seinem Inhalte sich „für eine Leistung“ Vermögensvorteile versprechen oder gewähren läßt. Daß die Leistung des Wucherers zu der des Bewucherten auch in einem äußerlich

---

[1] Enneccerus 1. Bd. 2. Lieferung S. 446, III, 3; ebenso Hölder S. 306 unter 2.

[2] Staudinger 1. Bd. 2. Aufl. zu § 138 Bem. 6.

[3] Seuff. Arch. Bd. 49 Nr. 83; Kohler im Arch. für bürgerl. Recht 5. Bd. S. 249; Lotmar, „Der unmoralische Vertrag“ S. 52.

[4] Die Nichtigkeit wirkt sowohl gegen jeden Beteiligten, wie gegen jeden Dritten, was im früheren Rechte nicht ganz unbestritten war; zu vergl. hierzu Meisner S. 36.

ohne weiteres erkennbaren Verhältnis von Leistung und Gegenleistung stehe, ist dabei nicht erforderlich. Sehr oft wird gerade die Leistung des Bewucherten in abstrakte Form gekleidet sein und damit nach außenhin einen formell selbständigen Charakter tragen.

Notwendig ist nur, daß beide Leistungen in einem gewissen wirtschaftlichen und rechtlichen Zusammenhange stehen, daß die eine mit Bezug auf die andere bewirkt worden ist.

Die Leistung des Wucherers kann bloße Rechtshandlung sein oder sich in Vornahme eines besonderen Rechtsgeschäftes des „Leistungsgeschäftes“ kennzeichnen. Im ersteren Falle hat sie gewöhnlich das bloße Überlassen einer Sache, die Verrichtung von Diensten, auch ein Unterlassen und dergl. mehr zum Gegenstande und ist dann rein tatsächlicher Natur. Sie steht und fällt hier mit der Nichtigkeit des ihr zugrunde liegenden Wuchervertrages. Ebenso die Leistung als kausales Rechtsgeschäft.[1] Als Vermögenszuwendung muß sie notwendig einen bestimmten Zweck verfolgen, der eben, weil er den Grund für ihre Vornahme bildet, auch causa genannt wird. Trägt diese, also hier die wucherische Vereinbarung, das Grundgeschäft, den Stempel der Unsittlichkeit, so muß darunter auch die Gültigkeit des kausalen Rechtsgeschäftes leiden, denn bei ihm ist die causa wesentlicher Geschäftsbestandteil. Nicht so einfach liegt der Fall hingegen dort, wo das Leistungsgeschäft abstrakter Natur, also von seiner causa losgelöst, abstrahiert ist. Inwieweit hier die Gültigkeit der Leistung von der Sittenwidrigkeit ihres Zweckes beeinflußt wird, soll im folgenden Gegenstand der Erörterung sein.

§ 2.

Gibt es ein „wucherisches Plus“?

Das wucherische Rechtsgeschäft ist nichtig. Über den Umfang dieser Nichtigkeit herrscht indessen Meinungsverschiedenheit. Man hat behauptet, die Nichtigkeit eines Rechtsgeschäftes

[1] Geht die Leistung, was natürlich möglich ist, dem Wuchergeschäft selbständig voraus, so bleibt sie allerdings in dieser Selbständigkeit auch als bloße Rechtshandlung, wie als kausales Rechtsgeschäft unberührt.

im Sinne von § 138 Abs. 2 BGB. reiche nur so weit, als ein Unterschied bestehe zwischen dem Rechtsgeschäft mit vom Recht gebilligten Inhalt und demselben Rechtsgeschäft nach Annahme des wucherischen Charakters.

Diese Auffassung wird z. B. von Hellmann vertreten, der folgendes dazu ausführt.

Die Hingabe einer Summe mit Vereinbarung der Rückgabe ist kein solches Geschäft (nämlich im Sinne von § 138 Abs. 2 BGB.), die Stipulation normaler Zinsen gleichfalls nicht. Folglich ist dies alles gültig. Erst die wucherische Zinsstipulation ist nichtig. Sie ist ein materiell selbständiges Geschäft neben dem Darlehn und der nicht wucherischen Zinsstipulation, zu dessen Abschluß der Bewucherte durch seine Notlage usw. bewogen wurde, während umgekehrt für den Wucherer der Abschluß der Wucherstipulation Beweggrund zum Darlehn war.[1] Unseres Erachtens ist ein materiell selbständiges Geschäft mit einem derartigen rein „wucherischen Plus“[2] zum Inhalt neben dem Darlehn und der nicht wucherischen Zinsstipulation begrifflich unmöglich, ein solches „wucherisches Plus“ kann nur eine Fiktion sein.[3] Wollte man eine Trennung des Wuchergeschäftes wie Hellmann vornehmen, so würde die Einheit des ganzen Rechtsgeschäftes eine erhebliche Einbuße erleiden, ja nicht mit Unrecht könnte man fragen, was denn eigentlich nach der Hellmannschen Auffassung von der Nichtigkeit des Wuchergeschäftes wie von diesem selbst noch übrig bleibt.

Treffend bemerkt Eccius[4] dazu, das Ergebnis einer auf das wucherische Plus beschränkten Nichtigkeit sei nur im Anhalt an

---

[1] Hellmann, Vorträge über das BGB. Allgem. Teil S. 128ff.; ähnlich Neumann, Kommentar S. 533 zu § 817 BGB. „die wucherlichen Vorteile sind Gegenstand einer neben dem Darlehnsvertrage stehenden selbständigen Abrede; sie sind mit Bezug auf ein Darlehn ausbedungen und gewährt“; hierzu auch Förster-Eccius, Preuß. Privatr. II. Bd. § 137, wo die Klage des Wucherers auf Rückgewähr „aus dem insoweit gültigen wucherischen Vertrage“ entspringt.

[2] Neubecker in der D. Jur.-Ztg. 7. Jahrg. 1902 S. 568ff.; ebenso Eccius in der D. Jur.-Ztg. 1903 S. 41.

[3] Neubecker a. a. O.

[4] a. a. O.

§ 139 BGB. zu gewinnen, wenn etwa bei einem unter Hingabe von Geld geschlossenen Darlehnsvertrag die Kontrahenten das Nebengeschäft über Hinausschiebung der Zeit der Zurückzahlung und der dafür zu gewährenden unverhältnismäßig großen Vorteile unter Ausbeutung usw. in der Weise geschlossen hätten, daß man annehmen könnte, die Darlehnshingabe würde auch ohne das Nebengeschäft erfolgt sein. Die Annahme würde aber bei einer mit der Hingabe des Darlehns verbundenen wucherischen Abrede als völlig ausgeschlossen gelten müssen.[1]

Nicht zwei verschiedene getrennte Rechtsgeschäfte wollen der Wucherer und Bewucherte abschließen, sondern ein Rechtsgeschäft, dessen Inhalt den Tatbestand des § 138 Abs. 2 erfüllt, also ein einheitliches.[2]

Auch in § 139 BGB. glaubt Hellmann für seine Auffassung keinerlei Schwierigkeiten zu finden, da nach ihr die wucherische Zinsstipulation eben selbständiges materielles Rechtsgeschäft, indessen kein Teil eines anderen sei. Für die Richtigkeit dieses Anführens bezieht sich Hellmann auf den Fall, daß ein Darlehn mit zunächst nicht wucherischem Zinsvertrag vorliege, für das nachträglich Stundung mit wucherischer Zinserhöhung vereinbart werde.[3]

Demgegenüber muß es genügen, darauf hinzuweisen, daß es sich bei der nachträglichen Stundung allerdings um ein selbstständiges Rechtsgeschäft handelt, aber nicht um solches mit wucherischem Plus zum Inhalt und neben einem anderen vom

---

[1] Ebenso Neubecker, a. a. O.; desgl. Staudinger 1. Bd. S. 406, 4 Abs. 2: Das ganze Rechtsgeschäft ist nichtig, nicht bloß ein Teil, welcher die Bewucherung enthält usw.; wenn nun auch nur ein Teil dieses einheitlichen Geschäftes wirtschaftlich sich als Ausbeutung bezeichnen läßt und daher sittenwidrig ist, so muß trotzdem auf Grund des § 139 Nichtigkeit des ganzen Geschäftes angenommen werden.

[2] Diesen Standpunkt vertritt auch Neubecker a. a. O.: Das Rechtsgeschäft (Wuchergeschäft) ist eine Einheit im Sinne der Parteien und des Gesetzes: für eine Leistung werden Vermögensvorteile versprochen oder gewährt. Es besteht eine psychische und begriffliche Kausalität zwischen beiden Leistungen. Ihr Verhältnis ergibt den Wucher (abgesehen von der subjektiven Seite): außerhalb des Verhältnisses ist Wucher undenkbar.

[3] Hellmann a. a. O.

Rechte gebilligten Geschäfte. Hier ist vielmehr nur ein völlig neues, auf eine zu bewirkende Stundung bezugnehmendes und einheitliches Rechtsgeschäft allgemein wucherlichen und damit rechtsunverbindlichen Charakters denkbar.

Eine solche Teilung des Wuchergeschäftes vorzunehmen, wie sie hier zurückgewiesen worden ist, verbietet auch der Wortlaut von § 138 Abs. 2 selbst.[1]

§ 3.

Erstreckt sich die Nichtigkeit des Wuchergeschäftes auch auf die Leistung des Wucherers an den Bewucherten?

Entgegengesetzt der Lehre vom „wucherischen Plus" behaupten einige Schriftsteller, die Nichtigkeit des Wuchergeschäftes erstrecke sich auch auf die Leistung des Wucherers, gleichgültig ob diese bloß faktische Rechtshandlung, kausales oder abstraktes Rechtsgeschäft sei.[2] Ihnen kann man ohne weiteres nur dann beistimmen, wenn die Leistung kausaler Natur, d. h. offensichtlich abhängig von der zugrunde liegenden causa ist, ganz abgesehen von den Fällen, wo sie nur als Rechtshandlung kenntlich wird und ihre selbständige Gültigkeit von vornherein ausgeschlossen ist.[3]

Streit herrscht dagegen in der Literatur darüber, ob — wie die abstrakte Leistung des Wucherers im besonderen — das abstrakte Rechtsgeschäft überhaupt bei sittenwidriger causa der Wirkung des § 138 Abs. 1 BGB. unterliegt. So halten eine ganze Anzahl Schriftsteller daran fest, die unsittliche Zweckbestimmung

[1] So auch die Motive zum Wuchergesetz von 1880 in den „Stenographischen Berichten über die Verhandlungen des Reichstages" (4. Legislaturperiode III. Sess. 1880) 3. Bd. S. 376, wonach „eine Teilung des einheitlichen Rechtsgeschäftes nach dem die Zinsen und nach dem das Kapital betreffenden Inhalt" für unzulässig erklärt wird.

[2] So Neubecker a. a. O.; desgl. Dernburg, Bürgerl. Recht 2. Bd. 2. Hälfte S. 687, II; ebenderselbe 1. Bd. S. 430, II; derselbe auch: Das Obligationenrecht Preußens und des Reichs 2. Bd. S. 91, § 36, 2 b in fine.

[3] Zu vergl. oben S. 5, es sei denn, daß wie a. a. O. unter Note 1 angedeutet, die Leistung dem Abschlusse des Wuchergeschäftes selbständig vorausging.

mache auch das abstrakte Rechtsgeschäft nichtig. Wie jede andere allgemeine Bestimmung des Bürgerlichen Gesetzbuches müsse auch § 138 Abs. 1 auf das abstrakte Rechtsgeschäft Anwendung finden.[1]

Zu nennen sind hier vor allem NEUBECKER,[2] DERNBURG,[3] WEYL,[4] SCHERER,[5] sowie noch KLINGMÜLLER[6] und LOTMAR.[7]

Die Genannten haben zumeist nicht verkannt, daß bei ihrer Art der Betrachtung die Vorschrift des § 817 BGB. gewisse Schwierigkeiten bietet, ja man hat sogar bei Gegenüberstellung dieser Bestimmung mit § 138 Abs. 1 von einem unversöhnlichen Gesetzeswiderspruch[8] geredet.

Der Wortlaut von § 817 ist folgender:

> War der Zweck einer Leistung in der Art bestimmt, daß der Empfänger durch die Annahme gegen ein gesetzliches Verbot oder gegen die guten Sitten verstoßen hat, so ist der Empfänger zur Herausgabe verpflichtet. Die Rückforderung ist ausgeschlossen, wenn dem Leistenden gleichfalls ein solcher Verstoß zur Last fällt, es sei denn, daß die Leistung in der Eingehung einer Verbindlichkeit bestand. Das zur Erfüllung einer solchen Verbindlichkeit Geleistete kann nicht zurückgefordert werden.

Darf man diesem Paragraphen gegenüber § 138 jegliche Bedeutung absprechen? Tatsächlich hat dies LOTMAR[9] bejaht, nach dessen Meinung für § 817 überhaupt kein Raum im System des Gesetzes sein dürfte. Er argumentiert dabei etwa folgendermaßen:

---

[1] Zu vgl. Motive E. I Bd. 3 S. 7.

[2] a. a. O. und im Arch. für bürg. Recht Bd. 22: Der abstrakte Vertrag S. 34 ff. u. 89.

[3] Bürg. Recht 2. Bd. 1. Abt. S. 219, 5.

[4] Vorträge zum BGB. Bd. 1 S. 252, ebenso im Arch. für bürg. Recht Bd. 14 S. 148.

[5] Recht der Schuldverhältnisse bei § 817.

[6] Schuldversprechen S. 136, sowie Begr. des Rechtsgr. S. 84 ff.

[7] Der unmoralische Vertrag S. 63.

[8] NEUBECKER in der D. Jur.-Ztg. 1902 S. 568 ff.; DERNBURG, bürg. Recht 2. Bd. 1. Abt. S. 219, 5, u. a.

[9] a. a. O. S. 63.

Eine Verbindlichkeit, wie sie § 817 erwähne, könne überhaupt nicht da entstehen, wo beiden Kontrahenten ein Verstoß gegen die guten Sitten zur Last falle. Hier müsse die Verbindlichkeit notwendigerweise selbst unsittlich und damit nichtig werden. Unbegreiflich sei es, wie man dann von einer Rückforderung reden könne.

Irrigerweise stellt Lotmar hier die subjektive Unsittlichkeit der Parteien auf eine Stufe mit der objektiven des Rechtsgeschäftes selbst.[1] Allerdings ist nicht zu leugnen, daß dort, wo beide Kontrahenten unter unsittlichen Motiven sich zum Vertragsschlusse zusammenfinden, sehr oft auch dem Rechtsgeschäft selbst die Unsittlichkeit anhaftet, doch kann man hier nicht eine bindende Regel aufstellen. Wenigstens würde man dann einen Rechtszustand herbeiführen, der für die Praxis unhaltbar wäre, weil dann weitaus die Mehrzahl aller Rechtsgeschäfte nichtig sein müßte.[2, 3]

Lotmar kommt zu dem Ergebnis, der abstrakte Vertrag mit causa turpis sei nichtig, § 817 BGB. könne nur zur Feststellung seiner Nichtigkeit und höchstens zur Rückforderung des Schuldscheines dienen.[4]

Wäre dies, wie Lotmar behauptet, wirklich im Sinne des Gesetzes gelegen, so könnte man ihm allerdings mit seinen eigenen Worten entgegenhalten, daß „diese Ausdrucksweise weder üblich noch glücklich sei". Schon nach dem Wortlaut von § 817: „es sei denn, daß die Leistung in der Eingehung einer Verbindlichkeit bestand", muß die Annahme einer solchen Zurückforderung

[1] Wiewohl er an anderer Stelle mit Recht fordert, daß man in dieser Hinsicht scharf trennen müsse, so a. a. O. S. 66 ff., auch S. 60.

[2] Matthiass Bd. 1 S. 703: es ist zu beachten, daß eine beim Abschluß eines Geschäftes einer oder beiden Parteien zur Last fallende subjektive Unsittlichkeit noch nicht die Unsittlichkeit und Nichtigkeit des Geschäftes mit sich bringt. Von solchen gültigen Verbindlichkeiten handelt die Vorschrift (des § 817 BGB.), also von der Kondiktion solcher Verbindlichkeiten.

[3] Oertmann, Kommentar, das Recht der Schuldverh. S. 539: „Gerade für solche Rechtsgeschäfte, bei deren Abschluß ein Teil oder auch beide Vertragsteile unsittlich oder rechtswidrig handeln, ohne daß dies im Rechtsgeschäft selbst zum Ausdruck kommt, ist § 817 vorgesehen."

[4] a. a. O. S. 63.

des Schuldscheines als unbegründet zurückgewiesen werden. Denn „wäre das ob turpem causam konstituierte debitum schlechthin ein indebitum, so wäre das zu seiner Erfüllung Geleistete einfach indebite geleistet und es wäre gar nicht abzusehen, wieso der Schluß des § 817 seine Rückforderung ausschließt“.[1]

Lotmar spricht dem § 817 also geradezu die Existenzberechtigung ab.

Dernburg gibt zu, daß die Vorschrift des § 817 mit der Nichtigkeit des abstrakten Rechtsgeschäftes (bei causa turpis) nicht übereinstimme.[2] Diesem Bedenken glaubt er jedoch dadurch begegnen zu können, daß er den „Widerspruch“ zwischen §§ 817 und 138 Abs. 1 dadurch für beseitigt erklärt, daß die letztere Vorschrift allein als die „prinzipielle und innerlich allein gerechtfertigte“ den Vorrang vor § 817 zu beanspruchen habe.

Klingmüller[3] meint schließlich noch hervorheben zu müssen, daß die Vorschrift des § 138 ebenso wie die des § 134 BGB. als jus cogens zu gelten habe und damit den Parteien nicht die Möglichkeit gegeben sein könne, sie durch Abschluß eines abstrakten Vertrages zu umgehen.[4]

Diese Schriftsteller unterschätzen entschieden zugunsten des im § 138 Abs. 1 ausgesprochenen Prinzipes die Geltungskraft abstrakter Rechtsgeschäfte und verkennen dabei völlig die Bedeutung, die dem § 817 beizumessen ist. Diese Bestimmung hat

---

[1] Oertmann in der Allgem. Österr. Gerichtsztg. 48. Jahrg. Nr. 32 „Das abstrakte Geschäft im BGB.“ S. 252.

[2] Bürg. Recht 2. Bd. 1. Abt. S. 219, 5; zu vergl. eod. 2. Bd. 2. Abt. S. 687, II: Die Übereignung vollzieht sich also im Rechtssinne nicht, so daß der Übereignende das gesetzwidrig oder unsittlicherweise Gewährte vindizieren kann. Wenn § 817 hierauf keine besondere Rücksicht nimmt, so kann doch nicht angenommen werden, daß er den Eintritt jener Folgen beseitigen will.

[3] a. a. O.

[4] Ähnlich Crome, System S. 1001: „Der Gesetzesumgehung wäre Tür und Tor geöffnet.“ Krome scheidet indessen zwischen abstrakten obligatorischen Rechtsgeschäften und den sachenrechtlichen Übereignungen. Nach seiner Ansicht sind nur letztere trotz causa turpis gültig, da bei ihnen im Gegensatze zu den schuldrechtlichen Verträgen die Loslösung der causa nicht auf Privatwillkür beruhe.

unseres Erachtens nicht, wie die Genannten meinen, für eine zweifelhafte und überflüssige Gesetzesnorm zu gelten, sondern für eine Sondervorschrift, die ausdrücklich mit Rücksicht auf die besondere Rechtswirkung der abstrakten Rechtsgeschäfte erlassen worden ist. Bei ihnen gehört die causa nicht zum Geschäftsinhalt, sie ist ausgeschieden, von ihm abstrahiert. Für die Gültigkeit des Geschäftes bleibt es daher unerheblich, ob die causa unsittlich ist. Doch darf diese besondere Eigenschaft des abstrakten Rechtsgeschäftes nicht dahin führen, jede Rückwirkung der causa turpis auf seine Gültigkeit für ausgeschlossen zu erklären. Das könnte wiederum Härten und eine Verdrängung des materiellen durch das formelle Recht zeitigen. Um dem vorzubeugen, bedarf es einer Vorschrift, wie sie § 817 BGB. enthält. Sie soll die Norm des § 138 Abs. 1 lediglich für die abstrakten Rechtsgeschäfte ersetzen,[1] indem sie das Mittel bietet, Ansprüchen aus nach außen hin formell gültigen Ansprüchen zu begegnen, mit denen das Prinzip des § 138 Abs. 1 nicht im Einklange steht, die also dem Rechtsempfinden, wie dem Geiste der Rechtsordnung widersprechen. Nur aus diesem Grunde will das Gesetz keine Handhabe dafür bieten, den Schuldner zur Erfüllung einer Verbindlichkeit zu zwingen, wenn er damit gleichzeitig einen Verstoß gegen die guten Sitten begehen sollte, denn

> „Die Rückforderung ist ausgeschlossen, wenn dem Leistenden gleichfalls ein solcher Verstoß zur Last fällt, es sei denn, daß die Leistung in der Eingehung einer Verbindlichkeit bestand."

Aus § 817 muß man demnach ganz allgemein auf die Gültigkeit abstrakter Rechtsgeschäfte schließen ohne Rücksicht auf die Sittenwidrigkeit ihrer causa.[2] So überträgt auch die Tradition aus verwerflichem Grunde regelmäßig Eigentum. Denn wäre sie in diesem Falle schlechthin nichtig, so wäre die Aufstellung der besonderen Klage aus § 817 schwer begreiflich.[3] Höchstens

---

[1] Zu vergl. hierzu die Ausführungen bei Erlanger, Der Gesetzeswiderspruch der §§ 134, 138 BGB. mit § 817 BGB.

[2] Zu vergl. v. Mayr S. 181.

[3] Enneccerus u. Lehmann 2. Aufl. Bd. 1 S. 247 Ziff. II.

würde sie sich auf die Fälle beschränken, da das Geleistete vom Empfänger verbraucht worden ist oder in vertretbaren und in Vermischung geratenen Sachen bestanden hat. Eine derartige Beschränkung dürfte aber kaum anzunehmen sein.[1] Besonders wäre es, abgesehen von den letztgenannten Fällen, bei Annahme der Nichtigkeit des abstrakten Rechtsgeschäftes mit causa turpis „nicht verständlich, daß § 817 die Rückforderung bei eigener Unsittlichkeit des Gebers ausschließt, denn der Geber könnte ja vindizieren."[2]

Ebenso folgt aber auch die Gültigkeit eines abstrakten Schuldversprechens oder Schuldanerkenntnisses unzweideutig aus den Worten „es sei denn, daß die Leistung in der Eingehung einer Verbindlichkeit bestand".[3]

Endlich liefert eine weitere Bestätigung für die Gültigkeit abstrakter Rechtsgeschäfte bei unterliegender causa turpis der Wortlaut selbst von § 138 Abs. 1. Danach muß das Rechtsgeschäft gegen die guten Sitten verstoßen, um nichtig zu sein,[4] d. h. maßgebend ist nicht allein die subjektive Unsittlichkeit der Kontrahenten, sondern vor allem der objektive Geschäftsinhalt.[5] Dieser wird aber beim abstrakten Rechtsgeschäft lediglich durch die Willenserklärungen der Parteien gebildet, er steht über der causa, die gänzlich ausgeschieden ist.

So gelangen wir zu dem Ergebnis: Der Begriff des abstrakten Rechtsgeschäftes ist stärker als das in § 138 Abs. 1 zum Ausdruck gebrachte Prinzip. Der Mangel der causa, ihre Sitten-

---

[1] Zu vergl. hierzu Motive Bd. 2 S. 849ff.

[2] Enneccerus u. Lehmann a. a. O.

[3] Derselbe a. a. O.: „wären auch die abstrakten Schuldversprechen wegen gesetzlich verbotenen oder sittenwidrigen Zweckes nichtig, so könnte eine gültige Verpflichtung aus verbotenem oder unsittlichem Rechtsgrunde überhaupt nicht vorkommen und der im § 817 vorgesehene Fall, daß eine Leistung — das heißt doch eine gültige Leistung — in der Eingehung einer Verbindlichkeit zu verbotenem oder unsittlichem Zwecke bestände, wäre geradezu undenkbar;" ebenso Enneccerus 3. Aufl. 2. Lieferung Bd. 1 S. 443 Anm. 9.

[4] Zu vergl. Planck Bd. 1 S. 249 Erläuterung 1b zu § 138.

[5] Wiewohl dieser nicht allein im Gegensatze zu E. I § 106: ein Rechtsgeschäft, dessen Inhalt gegen die guten Sitten verstößt, ist nichtig.

widrigkeit, findet indessen im § 817 Berücksichtigung durch Gewährung eines Korrektivs; aber er zerstört nicht die formelle Gültigkeit des abstrakten Geschäftes, dieses ist nur hinsichtlich seiner Wirkung reszissibel.[1] Der damit geschaffene Rechtszustand findet seine Erklärung in der anerkannt großen Bedeutung von abstrakten Rechtsgeschäften für die Erleichterung des Rechtsverkehrs, ohne daß dabei die Möglichkeit einer Gesetzesumgehung, wie sie KLINGMÜLLER und CROME befürchten, gegeben wäre.

Hiermit stimmen in ihren Ausführungen überein:

COHN,[2] STAMMLER,[3] JACOBI,[4] ENNECCERUS,[5] OERTMANN,[6] MATTHIASS,[7] VON TUHR,[8] KOLLATZ,[9] PLANCK,[10] ENDEMANN,[11] MATTHIESSEN,[12] ECCIUS,[13] NEUMANN,[14] sowie die Entscheidungen des Reichsgerichts.[15]

Die Regel ist also: die Sittenwidrigkeit der causa berührt die formelle Gültigkeit abstrakter Rechtsgeschäfte nicht. Insoweit kann auch für die Leistung des Wucherers keine Ausnahme

---

[1] Eine gewisse Bestätigung hierfür liefert auch die Tatsache, daß im Gesetze Sonderfälle aufgestellt sind, für die das Gegenteil ausdrücklich bestimmt wird. So soll z. B. nach § 762 Abs. 2 BGB. auch das für eine Spiel- oder Wettschuld gegebene Schuldanerkenntnis keine Verbindlichkeit erzeugen; ferner § 656 Abs. 2 u. a. zu vergl. v. MAYR S. 181.

[2] In der D. Jur.-Ztg. 1904 S. 854ff.

[3] Die Lehre vom richtigen Recht S. 493ff.

[4] Dogm. Jahrb. Bd. 41 S. 94.

[5] 1. Bd. 2. Liefg. S. 442, e; S. 446 III, 3.

[6] In der Allgem. Österr. Gerichtsztg. 48. Jahrg. Nr. 32 S. 249—253; in der D. Jur.-Ztg. 47. Jahrg. 1902 Nr. 5: abstrakte Versprechen aus rechtswidrigem Verpflichtungsgrunde S. 105—108; ebenso Kommentar 2. Aufl. Erläuterung 3 zu § 817.

[7] Lehrb. des bürg. Rechts 3. Aufl. Bd. 1 S. 703, abw. von 1. Aufl. § 141 S. 626.

[8] Zur Lehre von den abstrakten Schuldverträgen nach dem BGB. S. 12 Ziff. 2.

[9] In JHERINGS Jahrb. Bd. 40 S. 140—142.

[10] Bd. 2 zu § 817 S. 948, 2 sowie Bd. 1 zu § 138, 1b.

[11] 8. Aufl. Bd. 1 S. 1209 Anm. 12b.

[12] In der D. Jur.-Ztg. 1907 S. 534.

[13] a. a. O. u. im Preuß. Priv.-Recht Bd. 2 S. 497.

[14] Jahrb. des Deutsch. Rechts, 3. Jahrg. zu § 817 Ziff. 1.

[15] RG. Bd. 8 Nr. 24 S. 97; Bd. 39 Nr. 35 S. 144; Bd. 63 S. 179 u. a.

gestattet sein, sofern jene abstrakter Natur ist. Daß hier trotz Vorhandenseins aller Formerfordernisse gleichwohl Nichtigkeit Platz greifen kann, ist auf Umstände zurückzuführen, die nicht in der unmittelbaren Einwirkung der sittenwidrigen causa auf das Leistungsgeschäft, sondern in anderen Ursachen zu suchen sind.

Immer wird z. B. auch die abstrakte Leistung des Wucherers dann nichtig sein, wenn die zwischen ihm und dem Bewucherten erforderliche Einigung selbst einen Verstoß gegen die guten Sitten erkennen läßt.[1, 2] So haben die Parteien möglicherweise eine zum Zwecke der Erfüllung des wucherischen Grundgeschäfts zu bewirkende Eigentumsübertragung ausdrücklich davon abhängig gemacht, daß jenes rechtlich unangefochten bleibe. Die Gültigkeit des dinglichen Geschäfts soll hier zweifellos bedingt sein durch die rechtliche Wirksamkeit des obligatorischen. Die Tradition ist nicht notwendig abstrakt,[3] sie verlangt auch nicht, wie etwa die Auflassung eine notwendig unbedingte Einigung. Wird nun wie hier die causa in Form einer Bedingung in das die Übereignung vermittelnde Rechtsgeschäft mit aufgenommen, also wesentlicher Bestandteil desselben, so verliert dieses seinen abstrakten Charakter und damit infolge der Sittenwidrigkeit der causa seine Gültigkeit.

Ähnlich liegt der Fall dann, wenn eine solche Bedingtheit des Leistungsgeschäftes zwar nicht schon in den Willenserklärungen der Kontrahenten zum Ausdruck gebracht ist, sich aber infolge des engen Zusammenhanges von Leistungs- und

---

[1] Zu vergl. Dernburg, bürg. Recht 2. Bd. 1. Abt. S. 219, 5: „wenn im Schuldscheine ausdrücklich erklärt wird, daß für den Verrat militärischer Geheimnisse oder solange ein ehebrecherisches Verhältnis dauert, eine Summe zu zahlen ist." Auch Oertmann in der D. Jur.-Ztg. 7. Jahrgang 1902 S. 106.

[2] Zitelmann, Rechtsgeschäfte im Entwurf II S. 64 Ziff. 6: „wenig wahrscheinlich ist es allerdings, daß solche abstrakte Rechtsgeschäfte — man kann sagen mit kausaler Fassung — überhaupt in der Praxis geschlossen werden. Jedenfalls dürften sie zu den Seltenheiten gehören."

[3] Über diese im Gemeinen Recht sehr bestrittene Frage zu vergl. namentlich Strohal, Jahrb. für Dogm. Bd. 27 S. 335ff. „Rechtsübertragung und Kausalgeschäft".

Grundgeschäft z. B. bei Gleichzeitigkeit[1] beider subsumieren läßt. Es fragt sich, ob die Parteien beim Abschlusse dieser Geschäfte sie dergestalt als untrennbares Ganze angesehen wissen wollten, daß tatsächlich das eine nicht ohne das andere vorgenommen sein sollte. Steht fest, daß der Wille der Kontrahenten hierauf gerichtet gewesen ist,[2] so muß allerdings das Leistungsgeschäft ungeachtet seiner Abstraktheit für nichtig gelten.[3] Dies folgt notwendig aus § 139 BGB.:

> Ist ein Teil eines Rechtsgeschäftes nichtig, so ist das ganze Rechtsgeschäft nichtig, wenn nicht anzunehmen ist, daß es auch ohne den nichtigen Teil vorgenommen sein würde.

Wie oben ausgeführt, ist die Leistung des Wucherers schon an sich eng zum Wesen des Wuchergeschäftes gehörig, eine völlige Lösung des Zusammenhanges zwischen Leistungs- und Grundgeschäft daher ausgeschlossen. Mag auch die Leistung als abstrakter Rechtsakt zunächst für sich gültig gestellt sein, ihre — wenn man so sagen darf — kausale Verknüpfung mit dem Grundgeschäfte bleibt bestehen. Gerade bei Gleichzeitigkeit beider Geschäfte wird deren rechtlicher und wirtschaftlicher Zusammenhang zumeist ein derart offensichtlicher und unmittelbarer sein, daß Leistungsgeschäft wie wucherische Vereinbarung nur als Bestandteile des sie in sich schließenden umfassenderen Wuchergeschäftes zu beurteilen sind.

Hier aber ist wohl nicht anzunehmen, daß das Leistungsgeschäft auch ohne das wegen seiner Sittenwidrigkeit nichtige Grundgeschäft vorgenommen sein würde. Ja in diesen Fällen

---

[1] Sie allein ist dafür noch nicht maßgebend, zu vergl. RG. Bd. 57 S. 96, danach ergibt sich „ein solcher Wille und damit Nichtigkeit auch dann nicht, wenn beide Rechtsgeschäfte gleichzeitig stattfinden und wenn sie miteinander vereinigt sind. Beide gehören verschiedenen Rechtsgebieten an; das eine bezweckt nur relative, unter den Beteiligten bestehende Rechtsbeziehungen, während das andere absolut und nach allen Seiten hin zu wirken bestimmt ist".

[2] Und dem stellt das Gesetz „Hindernisse nicht entgegen. Das dingliche Geschäft ist nicht dergestalt formal, daß es nicht kraft Parteiwillens in angegebener Art in ein Abhängigkeitsverhältnis zu dem obligatorischen gesetzt werden könnte". RG. 57 S. 96.

[3] Zu vergl. Enneccerus 1. Bd. 2. Liefg. S. 443 Anm. 10.

dürfte gerade beim Wucher, wo die Nichtigkeit nicht eine Nebenberedung von offenbar nur untergeordneter Bedeutung betrifft, sondern den eigentlichen Kern des Ganzen, das wucherische Grundgeschäft, eine Ausnahme, wie sie § 139 BGB. zuläßt, für das Leistungsgeschäft zumeist nicht in Betracht kommen.[1,2,3]

Höchst bedenklich wäre es aber, hieraus den Schluß zu ziehen, mit Rücksicht auf § 139 müsse nun regelmäßig auch die abstrakte Leistung des Wucherers nichtig werden. Ist dies, wie angedeutet, schon bei Gleichzeitigkeit von Leistungs- und Grundgeschäft nicht unter allen Umständen der Fall, so wird die Anwendung des § 139 da fast stets ausgeschlossen sein, wo der Zusammenhang beider Geschäfte zwar -- wie immer — vorhanden, aber nicht so unmittelbarer Natur ist, daß man das Leistungsgeschäft als direkten Bestandteil des Wuchergeschäftes bezeichnen kann.[4]

Man denke z. B. an den folgenden Fall: Der Wucherer hat eine höchst wertvolle Sache, die ihm vorerst leihweise überlassen war, zu einem Spottpreise unter Ausbeutung usw. gekauft, den Preis aber nicht sofort entrichtet, sondern erst später einen Wechsel über die Kaufsumme ausgestellt. Der Wechsel würde ungeachtet der Vorschrift des § 139 für gültig zu erklären sein, da seine Ausstellung hier offenbar keinen Bestandteil des wucherischen Rechtsgeschäftes mehr bildet, sondern ein von diesem losgelöstes selbständiges Rechtsgeschäft.[5]

Dieser Art von Konstruktion hat sich auch die Praxis be-

---

[1] Enneccerus 1. Bd. 2. Lieferung S. 472 u. 446 III, 3; zu vergl. auch die Ausführungen bei Oertmann in der D. Jur.-Ztg. 7. Jahrg. 1902. S. 107; desgl. Planck 1. Bd. S. 250 oben.

[2] RG. Bd. 36 S. 313: Nichtigkeit der Hypothekenbestellung (hier Leistung des Bewucherten), sofern nun gegen diese das Wuchergeschäft abgeschlossen ist; RG. Bd. 57 S. 96.

[3] Neumann, Kommentar S. 134 in fine: Erstreckung der Nichtigkeit des obligatorischen Geschäftes auf das Erfüllungsgeschäft, sei es aus dem Gesichtspunkte des Parteiwillens, sei es, daß die beiden Geschäfte in ihrem Zusammenhang den Tatbestand des Wuchers erfüllen.

[4] So z. B. wenn das Leistungsgeschäft dem Abschlusse des Wuchergeschäftes zeitlich und selbständig voranging.

[5] Oertmann a. a. O. S. 108; zu vergl auch v. Mayr S. 181 Mitte, u. a.

dient,[1] ohne daß es ihr indessen gelingen dürfte, hier ein für allemal eine bestimmte Grenze zu ziehen. Im Gegenteil wird jeder einzelne Fall nach dem zwischen Leistungs- und Grundgeschäft bestehenden reehtsgeschäftlichen Zusammenhange besonderer Prüfung bedürfen.

Diese Betrachtungen haben gelehrt, wie verschiedener Beurteilung die Nichtigkeit des Wuchergeschäftes nach ihrem Umfange unterliegen kann. Das galt es zunächst festzustellen, bevor auf die Kondiktion des Wucherers als solche eingegangen werden konnte.

Zweiter Teil.

Die Kondiktionsfrage im besonderen.

§ 4.

Die Kondiktion des Bürgerlichen Gesetzbuches nach Begriff und Voraussetzungen.[2]

Unter Kondiktion versteht man heute schlechthin die „Klage aus ungerechtfertigter Bereicherung". Dieser Ausdruck deckt sich mit dem Begriffe der römischen condictio insofern nicht ganz, als diese sowohl Bereicherungs- wie auch Kontrakts- oder Deliktsklage sein konnte.[3] Die heutige Kondiktion ist regelmäßig rein außerkontraktliche Bereicherungsklage. Nach § 818 Abs. 3 BGB. ist die Verpflichtung zur Herausgabe ausgeschlossen, soweit eine Bereicherung des Empfängers nicht mehr vorliegt. Hat daher

[1] So hinsichtlich eines vom Bewucherten für eine Wucherschuld ausgestellten Wechsels, zu vergl. RG. Bd. 8 Nr. 24 S. 97; Bd. 39 Nr. 35 S. 144, wobei das dort über die Leistung des Bewucherten Gesagte auch für die des Wucherers zu gelten hat.

[2] Mit Rücksicht auf das Thema der Abhandlung möge an dieser Stelle ein kurzer Überblick über das Geltungsgebiet der heutigen Kondiktion Beachtung finden.

[3] Z. B. die condictio certi ex mutuo, condictio triticaria, condictio furtiva.

gleichzeitig neben einer Vermögensvermehrung auf seiten des Kondiktionsgegners eine Verminderung seines Vermögens zugunsten des Kondizierenden stattgefunden, so kann nur die Herausgabe des Überschusses verlangt werden. Niemals aber vermag man mit der Kondiktion einen Herausgabeanspruch geltend zu machen, der völlig unabhängig von etwaigen Gegenansprüchen besteht. Unter dem herauszugebenden „etwas" kann nicht etwa „ein beliebiger einzelner aus dem Vermögen des einen in das des anderen hinübergeflossener Wert, sondern nur die Gesamtheit des Hinübergelangten unter gleichzeitiger Berücksichtigung der dafür gegebenen Werte und der auf dem Empfangenen ruhenden Lasten verstanden werden".[1,2,3]

Ist die Kondiktion des geltenden Rechts also reine Bereicherungsklage,[4] so verfügt sie auch nicht über ein so weites Anwendungsgebiet wie die condictio des römischen Rechts.

Wer nun aus „ungerechtfertigter Bereicherung" klagt, macht einen persönlichen, obligatorischen Anspruch geltend, ein „gesetzliches Forderungsrecht",[5] wie es die §§ 812 ff. BGB. begründen. Genügenden Grund für das Platzgreifen einer Kondiktion bietet danach nicht schon — wie man früher anzunehmen geneigt war[6] — die bloße Tatsache, daß jemand auf Kosten eines anderen bereichert ist. Solche Bereicherung dürfte wohl immer das Ziel jedes wirtschaftlichen Strebens sein, ohne daß die Rechtsordnung da irgendwie hindernd eingreifen könnte und wollte, es sei denn, daß diese Bereicherung den besonderen Charakter einer „ohne

---

[1] RG. Bd. 54 S. 141. So kann derjenige, der auf Grund eines nichtigen Kaufvertrages etwas erlangt hat, dasjenige in Abzug bringen, was er dem anderen Teile als Gegenleistung gegeben hat; hierzu RG. Bd. 32 S. 321; ferner RG. Bd. 44 S. 136 (144): wenn die grundlose Leistung gleichzeitig einen Nachteil mit sich gebracht hat, so bleibt nur insoweit, als dieser Nachteil überwogen wird, eine wahre Bereicherung zurück.

[2] Anderer Ansicht anscheinend Windscheid-Kipp Bd. 2 § 422.

[3] Hierzu RG. Bd. 54 S. 141, 142, wonach die Ausgleichung der beiderseitigen Vor- und Nachteile schon nach dem Gesetze selbst ohne besondere Aufrechnung oder Zurückhaltung eintritt.

[4] Abgesehen von den Fällen der §§ 818 Abs. 4, 819 und 820 BGB.

[5] Crome a. a. O. S. 1005.

[6] Näheres zu vergl. bei Windscheid, Pandekten § 421 Note 1.

rechtlichen Grund erlangten" trägt, d. h. wie die Überschrift des 24. Titels des 2. Buches vom BGB. besagt, eine „ungerechtfertigte" ist.

Hierzu bestimmt das BGB. im § 812 Satz 1:

> Wer durch die Leistung eines anderen oder in sonstiger Weise auf dessen Kosten etwas ohne rechtlichen Grund erlangt, ist ihm zur Herausgabe verpflichtet.

Was unter „ohne rechtlichen Grund erlangt" zu verstehen ist, darüber schweigt das Gesetz. Während die Protokolle zum 2. Entwurf den Ausdruck überhaupt nicht erwähnen, lassen es die Motive zum 1. Entwurf an einer bestimmten, alle Zweifel ausschließenden Erklärung fehlen. Sie sagen nur:

> Der Mangel des „rechtfertigenden Grundes" ist auf verschiedene relative Umstände zurückzuführen, welche die Wirksamkeit der eintretenden Rechts- und Vermögensveränderung derartig affizieren, daß deren Wiederaufhebung verlangt werden kann.[1]

Auch in der Literatur begegnet man den verschiedensten Ansichten über die Lösung dieser Frage.[2] Den richtigen Weg scheint unseres Erachtens hierbei die Kommission für die 2. Lesung des Entwurfes eines Bürgerlichen Gesetzbuches eingeschlagen zu haben. Die Kommission spricht stets nur von dem Mangel des „Rechtsgrundes", mittels dessen eine Leistung erlangt worden ist. Wann hier ein Mangel vorliege, der ein Kondiktionsrecht des Gebers begründe, sei lediglich nach dem Verhältnisse seiner Leistung zu ihrer Zweckbestimmung zu beurteilen. „Eine Leistung, deren Zweck nichtig, oder nicht zustande gekommen sei, oder später wegfalle, entbehre des Rechtsgrundes und könne nicht aufrecht erhalten werden."[3] Damit kann es aber im Einzelfalle nur

---

[1] Motive I. E. S. 829.

[2] Zu vergl. namentlich Jung S. 129; Stammler, Zur Lehre von der ungerechtfertigten Bereicherung S. 153ff.; Collatz, Ungerechtfertigte Vermögensverschiebung S. 40; v. Mayr a. a. O. S. 423ff., nach dem es am rechtlichen Grunde fehlt, „wenn die Vermögensverschiebung zwar ihrer absoluten, dinglichen, nicht aber ihrer obligatorischen, die relativen Beziehungen zwischen den Parteien bestimmenden Rechtswirkung nach gerechtfertigt ist."

[3] Protokolle der II. Komm. Bd. 2 S. 689.

die Aufgabe der objektiven Billigkeit allein sein, aus dem Mißverhältnis von Leistung und Zweck festzustellen, daß jene des rechtlichen Grundes entbehre.

Die treffendsten Beispiele liefern hier die vielen Fälle abstrakter Rechtsgeschäfte, bei denen die Rechtsordnung mit Rücksicht auf die Bedeutung von Geschäften dieser Art für Einfachheit des Verkehrslebens und Erleichterung der Beweislast Rechtsveränderungen duldet, die gar oft im Verhältnis des einzelnen Verlierenden zum Gewinnenden nach gesundem Rechtsempfinden verwerflich erscheinen müssen, wo also „in äußerlich gültiger Weise ein materiell unrichtiges Ergebnis herbeigeführt werden kann“.[1]

Schon das Gesagte läßt erkennen, daß es nie gelingen dürfte, die Antwort auf die Frage nach dem Fehlen des rechtlichen Grundes einer Leistung bestimmter zu geben, als es die 2. Kommission getan hat. Auch kann man ihr nur beistimmen, wenn sie zu dem Ergebnis gelangt:[2] „es zeige sich mithin, daß ein Versuch, die Fälle erschöpfend aufzuzählen, in welchen die Leistung des Rechtsgrundes entbehre, vom Gesetzgeber nicht unternommen werden dürfe, da es nicht möglich sei, das, was beabsichtigt werde, zum klaren Verständnisse zu bringen; man werde immer zu einem lehrbuchartigen Satze gelangen, der in das Gesetzbuch nicht passe.“

Von diesem Gesichtspunkte aus betrachtet, kann es sich unseres Erachtens bei Aufstellung der in den §§ 812 Satz 2 ff. BGB. besonders hervorgehobenen Fälle nur um solche handeln, die dazu dienen sollen, das in § 812 Satz 1 zum Ausdruck gebrachte und an ihre Spitze gestellte Prinzip zu ergänzen und zu erläutern. Der Bereicherungsanspruch erscheint hiernach als ein einheitlicher.[3] Eben deshalb aber, weil — wie oben angedeutet —

---

[1] Planck 2. Bd. S. 928.

[2] Prot. II. Komm. 2. Bd. S. 691.

[3] Planck 2. Bd. S. 481; desgl. v. Mayr S. 41; weiter Planck 2. Bd. S. 929 unter 2 a, nach dem die Fälle der §§ 812 Satz 2 ff. nur solche sein können, „in denen es zweifelhaft scheinen könnte, ob die Voraussetzungen der ungerechtfertigten Bereicherung vorliegen oder bei denen die spezielle Regelung der Voraussetzungen des Anspruches aus praktischen Gründen wünschenswert erschienen ist.“

die Möglichkeit, alle Fälle zu normieren, in denen das Fehlen des rechtlichen Grundes Anlaß zur Kondiktion bietet, für ausgeschlossen erscheinen mußte, bedurfte es der Schaffung eines allgemeinen Bereicherungsanspruches, wie ihn § 812 Satz 1 enthält.[1,2]

Muß also nach der objektiven Billigkeit für festgestellt gelten, daß eine Leistung nach dem Verhältnis zu ihrer Zweckbestimmung „ohne rechtlichen Grund erlangt" ist, so bietet die Kondiktion das Mittel, hier eine Ausgleichung herbeizuführen.[3,4] Sehr richtig bemerkt aber STAUDINGER[5] hierzu, daß dieses Grundprinzip nicht dazu führen dürfe, überall einen Anspruch aus § 812 zu gewähren, wo allgemeine Billigkeitserwägungen einen solchen zu fordern scheinen; der Anspruch ist vielmehr nur anzuerkennen, wenn und soweit das Gesetz ausdrücklich hervorhebt, daß dem Geschädigten der Ausgleichungsanspruch zukommt oder die Auslegung der gesetzlichen Vorschrift, auf welcher der Vermögensübergang beruht, zu diesem Ergebnisse führt".

Zum Schlusse noch ein Wort über den Gegenstand selbst, der kondiziert werden soll, weil er ohne rechtlichen Grund „auf Kosten" eines anderen durch dessen Leistung oder in sonstiger Weise tatsächlich „erlangt" worden ist. Dieser Gegenstand oder, wie das Gesetz sich allgemeiner ausdrückt, dieses „etwas" ist die Bereicherung, d. h. wie aus den Worten „auf Kosten" eines anderen hervorgeht, ein Vermögensvorteil, denkbar in einer Vermehrung oder auch Nichtverminderung des Vermögens, so bei Ersparnis von Auslagen. Der Vermögensvorteil kann der ver-

---

[1] v. MAYR S. 37.

[2] Auf die außerhalb der Lehre von der ungerechtfertigten Bereicherung im Gesetz behandelten Kondiktionsfälle, wie z. B. in §§ 852 Abs. 2, 951 BGB. u. a. m., sei hier nur verwiesen.

[3] Mit ihr „heilt das Gesetz die Wunden, die es selbst schlägt" DERNBURG 2. Bd. 2. Abt. S. 678.

[4] CROME a. a. O. S. 979: „es handelt sich um die Verwirklichung des materiellen Prinzips der Gerechtigkeit gegenüber Erscheinungen, die das Gesetz aus anderen Gründen: der Sicherheit, Beschleunigung und Vereinfachung des Verkehres usw. nicht selten zuläßt"; zu vergl. auch ENDEMANN, BGB. 1. Bd. 9. Aufl. S. 1234; SCHOLLMEYER S. 211, 215ff.

[5] a. a. O. 2. Bd., 2 S. 828.

schiedensten Art sein: „jedes Gut von rechtlich oder wirtschaftlich erkennbarem Werte“.[1] Dahin gehört auch, wie nur erwähnt sei, der Besitz.[2] Denn wenn auch derselbe für ein eigentliches Recht nicht gelten kann, so gewährt er doch eine Rechtsposition, die einen Vermögenswert darstellt.[3]

Daß das Erlangte notwendig „aus dem Vermögen“ des Kondizierenden stammen müsse, wie Entwurf I verlangte,[4] ist heute nicht mehr der Fall, vielmehr genügt es schon, daß allein der „Vermögensstand“ des Kondizierenden berührt worden ist.[5] Dagegen ist, wie kaum noch der Erwähnung bedarf, immer festzuhalten, daß das Erlangen des einen und die Benachteiligung des anderen stets in unmittelbarer kausaler Beziehung zueinander stehen müssen.[6]

In jedem Falle aber wird dafür, inwieweit mit Hilfe der objektiven Billigkeit eine Bereicherung für ungerechtfertigt zu erklären ist, allein die materielle Rechtslage zwischen den Parteien ausschlaggebend sein.[7]

§ 5.

Wann wird für den Wucherer eine Kondiktion seiner Leistung praktisch von Bedeutung?

Immer hat die Kondiktion des Wucherers die Nichtigkeit des wucherischen Vertrages zur Voraussetzung. Mit dieser Nichtigkeit verliert seine Leistung ihre rechtliche Grundlage. Daher wird auch je nach dem Umfange der Nichtigkeit des Wuchergeschäftes überhaupt, wie nach Form und Gültigkeit der Leistung

---

[1] v. Mayr a. a. O. S. 124.

[2] Motive II. S. 830; dazu E. I §§ 737 Abs. 3, 744, 745, 748.

[3] Planck 2. Bd. S. 932 in fine; Dernburg, BGB. 2. Bd. 2. Abt. S. 676 Anm. 5.

[4] § 748 E. I.

[5] Prot. II. Komm. 2. Bd. S. 685; desgl. Planck 2. Bd. S. 933, 2; ebenso Crome a. a. O. 2. Bd. S. 983 Note 35: z. B. beim Erwerb von Objekten „aus einer ausgeschlagenen Erbschaft, oder einem Vermächtnisse“.

[6] Hierzu Oertmann, Kommentar zu § 812. Vorbemerkung unter Ziff. 2d.

[7] Motive 2. Bd. S. 837.

im besonderen die praktische Bedeutung ihrer Kondiktion für den Wucherer verschieden zu bewerten sein.

Wollte man z. B. der HELLMANNschen Auffassung von der Nichtigkeit des Wuchergeschäftes beitreten, so müßte man einer Kondiktion des Wucherers gegen den Bewucherten jede Existenzberechtigung absprechen, ja man würde unseres Erachtens zu der sehr eigenartigen Annahme gelangen, daß dem Wucherer aus dem — abgesehen vom „wucherischen Plus" — gültigen Rechtsgeschäfte eine Kontraktsklage auf Vornahme der noch ausstehenden Leistung des Bewucherten zukomme.[1] Hier ist also — alle sonstigen Erfordernisse des Geschäftes vorausgesetzt — eine ungerechtfertigte Bereicherung des Bewucherten durch die Leistung und auf Kosten des Wucherers nicht gut denkbar, denn der Bereicherungsanspruch ist seinem Wesen nach bedingt durch das ohne rechtlichen Grund erfolgte Erlangen des einen auf Kosten des anderen. Dies liegt da nicht vor, wo wie hier der Wucherer noch einen Anspruch aus dem gültigen Rechtsgeschäft hat. Der Bereicherungsanspruch kann mit dem Geschäftsanspruch nicht konkurrieren. Das ergibt sich vor allem aus dem Begriffe der Anspruchskonkurrenz, die nur beim Vorhandensein mehrerer anspruchbegründender Tatbestände in die Erscheinung tritt. Jeder Anspruch stützt sich auf einen bestimmten rechtlichen Tatbestand. Liegen dieser mehrere vor, so schließen sie auch ebenso viele Ansprüche in sich. Existiert aber nur ein solcher Tatbestand, so kann das Gesetz aus diesem regelmäßig auch nur einen Anspruch gewähren.[2,3] Nimmt man z. B. in unserem Falle als Tatbestand, d. h. als Entstehungsgrund des wucherischen Geschäftsanspruches ein Darlehn an, so wird man außer dem Anspruch aus diesem dem Wucherer nicht noch einen zweiten Anspruch, den Bereicherungsanspruch, zugestehen können, der sich auf denselben Tatbestand stützt.

---

[1] NEUBECKER in der D. Jur.-Ztg. 1902 S. 568ff.

[2] Zu vergl. HELLWIG, „Anspruch und Klagrecht" S. 98, auch ENDEMANN S. 418 unter 5; v. MAYR S. 356ff.

[3] Über die Konkurrenzfähigkeit von Delikts- und Bereicherungsanspruch zu vergl. v. MAYR S. 360ff.

Gleichwohl ist die Frage der Konkurrenzfähigkeit von Bereicherungs- und Geschäftsanspruch nicht ganz unbestritten.[1,2]

Andere Bedeutung gewinnt die Kondiktionsfrage für den Wucherer dann, wenn die Nichtigkeit des Wuchergeschäftes in ihrer Totalität auch die Leistung des Wucherers mitumfaßt, sei diese nun bloße Rechtshandlung, kausales oder abstraktes Rechtsgeschäft.

Hier verbleibt dem Wucherer regelmäßig sein Eigentumsanspruch auf das Geleistete, es habe dies denn in vertretbaren und in Vermischung übergegangenen Sachen, verrichteten Diensten oder dergl. bestanden. Wenn daher der Wucherer noch Eigentum an seiner Leistung hat, so kann insoweit auf dessen Kosten der Bewucherte nicht ungerechtfertigt bereichert sein.[3] Schon hieraus geht hervor, daß der Wucherer nicht etwa wahlweise den Eigentums- oder Bereicherungsanspruch gegen den Bewucherten geltend machen kann. Dies steht im Einklang mit dem soeben über den Begriff der Anspruchskonkurrenz Ausgeführten.[4]

Gerade daraus erklärt sich aber andererseits, daß eine Konkurrenzfähigkeit des Bereicherungsanspruches mit dem Eigentumsanspruch insoweit zu bejahen ist, „als der Eigentümer sich auf den Besitzbereicherungsanspruch zurückzieht".[5] Denn insoweit liegt allerdings eine Verschiedenheit des Tatbestandes,[6,7] des Entstehungsgrundes der Ansprüche vor, wie sie die echte Anspruchskonkurrenz voraussetzt. Praktisch von größter Wichtigkeit muß

---

[1] Dagegen: Seuff. Arch. Bd. 19 Nr. 224; RG. Bd. 44 Nr. 21; Endemann Bd. 1 S. 419 Anm. 22; Crome, System 2. Bd. S. 984 Nr. 41.

[2] Dafür: Planck 2. Bd. S. 931 Erltrg. 5 zu § 812; Cosack S. 627 Nr. 6.

[3] Planck 2. Bd. S. 931 Erltrg. 5; ebenso von Jung S. 42 in fine.

[4] v. Mayr S. 388, wonach „nicht rechtlich auf Kosten des anderen bereichert ist, wer diese angebliche Bereicherung dem Bereicherten ohnedies kraft dinglichen Rechtszwanges herauszugeben verpflichtet ist".

[5] v. Mayr S. 388, der übrigens (S. 374) so weit geht, auch die Konkurrenzfähigkeit von Geschäfts- und Besitzbereicherungsanspruch zu bejahen, denn dieser verfolge „wesentlich andere Ziele, führe zu einem von der Geschäftsklage wesentlich verschiedenen Ergebnisse".

[6] Treffende Ausführungen v. Mayr S. 170, 171.

[7] Zu vergl. ferner Endemann 1. Bd. § 198 Anm. 14; Staudinger 2. Bd. Bem. 6 zu § 817; Planck a. a. O.

nach alledem die Gewährung einer Kondiktion seiner Leistung für den Wucherer da werden, wo jene infolge Versagens des Eigentumsanspruches das einzige Mittel bietet, „eine nach obligationenrechtlichen Grundsätzen nicht gerechtfertigte Wertbewegung rückgängig zu machen“.[1] Dies ist der Fall bei Gültigkeit des abstrakten Leistungsgeschäftes oder bei Hingabe vertretbarer und durch Vermischung in das Eigentum des Bewucherten übergegangener Sachen usw.

Wie bereits oben[2] angedeutet, wird aber, auch wenn die allgemeinen Voraussetzungen einer Kondiktion gegeben sind, allein die materielle Rechtslage zwischen Wucherer und Bewuchertem zu entscheiden haben, inwieweit auf seiten des letzteren eine Bereicherung vorliegt, die in Wahrheit verdient, „ungerechtfertigt“ genannt zu werden.

Dies wird niemals zutreffen, wenn beide, Wucherer und Bewucherter, ihre Leistung voll bewirkt haben,[3] denn naturgemäß wird die des Bewucherten, die er vom Wucherer empfangen hat, immer die geringer zu bewertende sein.

Ungerechtfertigt bereichert ist dagegen der Bewucherte auf Kosten des Wucherers beim Vorhandensein aller sonstigen dafür maßgebenden Voraussetzungen dann, wenn er die ganze Leistung des Wucherers entgegengenommen hat, ohne die seinige zu bewirken, oder wenn er diese nur teilweise und von niedrigerem Werte als die des Wucherers gewährte.[4]

War bisher nur davon die Rede, daß der Wucherer entweder sogleich bei oder nach Abschluß der wucherischen Vereinbarung, also „aus dem ungültigen Vertrage“ leistete, so werden die Fälle, in denen dies nur in Erwartung des späteren Zustandekommens eines wucherischen Rechtsgeschäftes geschah, weiter unten noch einer kurzen Betrachtung zu unterziehen sein.

---

[1] Jung S. 185.

[2] S. 23.

[3] Es sei denn, daß der Bewucherte vielleicht die seinige reivindiziert hat, der Eigentumsanspruch des Wucherers aber versagte.

[4] Es sei denn, daß das dem Bewucherten Geleistete vielleicht untergegangen oder von ihm verloren worden ist, wobei freiwilliger und unfreiwilliger Verlust berührt werden.

Zunächst soll indessen untersucht werden, weshalb man für gut befunden hat, dem Wucherer eine Kondiktion gegenüber dem Bewucherten auch dann zu verweigern, wenn die allgemeinen Voraussetznngen einer solchen sämtlich gegeben sind.

§ 6.

Verstößt der Wucherer nach dem Zwecke seiner Leistung bei ihrer Hingabe gegen die guten Sitten und hat dies den Ausschluß der Kondiktion zur Folge?

Es fehlt nicht an Schriftstellern, die der Meinung sind, man könne es dem Wucherer nicht als Verstoß gegen die guten Sitten auslegen, wenn er dem Bewucherten seine Leistung gewähre. So ist Planck folgender Ansicht:

Ein Verstoß des Wucherers gegen die guten Sitten liege darin, daß er sich übermäßige Vorteile habe versprechen lassen und deshalb sei nach § 817 Satz 1 die Rückforderung gegen ihn begründet. In der von ihm an den Bewucherten gemachten Leistung liege aber kein Verstoß gegen die guten Sitten.[1] Denselben Standpunkt vertritt Neumann, indem er dazu ausführt: es könne nicht gesagt werden, daß der Wucherer durch Bewirkung der ihm auf Grund des Wuchergeschäftes obliegenden Leistung gegen die guten Sitten verstoße und deshalb das von ihm Hingegebene nicht zurückverlangen könne. Die wucherlichen Vorteile seien Gegenstand einer neben dem Darlehnsvertrage stehenden selbständigen Abrede; sie seien mit Bezug auf ein Darlehn ausbedungen und gewährt.[2]

Eine solche Scheidung vorzunehmen, kann nicht im Sinne des Gesetzes liegen. Daß auch der Leistung des Wucherers die Unsittlichkeit des Wuchergeschäftes anhaftet, bestätigt der Zweck, der mit ihr verfolgt wird und, wie oben ausgeführt,[3] gegen die guten Sitten verstößt. So wird sie auch regelmäßig nur in Erwartung der unerlaubten Vorteile oder um deren Sicherstellung

---

[1] Planck 1. Bd. S. 251 unter Erltrg. 4 in fine.

[2] Neumann, Kommentar zu § 817 S. 533.

[3] S. 4 u. 5.

willen vorgenommen.[1] Eine andere Veranlassung kommt für den Wucherer, wenn er leistet, nicht in Frage: „Der Wucherer will veranlassen und veranlaßt die Herbeiführung eines unsittlichen Erfolges durch das Rechtsgeschäft und insofern durch die zur Erfüllung desselben bestimmte Hingabe. Insoweit läßt sich behaupten, daß der Zweck der Leistung in der Art bestimmt ist, daß der Wucherer durch die für jene kausale Hingabe den bezeichneten Verstoß begeht.[2, 3] Soll dieser ein nach allgemeinen Grundsätzen begründetes Kondiktionsrecht vernichten? Besonders bemerkenswert hat sich NEUBECKER dazu geäußert, der bis auf das römische Recht zurückgreift und sich auf die in der Literatur mehrfach erörterte lex 4 § 3 D. 12, 5 (Ulpianus libro 26 ad edictum) bezieht. Die Stelle lautet:

> sed quod meretrici datur, repeti non potest, ut Labeo et Marcellus scribunt, sed nova ratione, non ea, quod utriusque („gleichfalls") turpitudo versatur, sed solius dantis; illam emiu turpiter facere, quod sit meretrix, non turpiter accipere, cum sit meretrix.

Zwar würde man allerdings heute, meint NEUBECKER,[4] im Falle der menetrix eine doppelseitige Unsittlichkeit erblicken, das in dieser Stelle ausgesprochene Prinzip müsse aber auch heute gelten, gelte immer:

> Wo die Verwerflichkeit allein auf seiten des Gebers ist, kann an eine repetitio von vornherein nicht gedacht werden.[5]

Dieses „Rechtsprinzip" sei auch im § 817 Satz 2 BGB. zum Ausdruck gelangt, da bereits bei Abfassung des BGB. die Absicht

[1] Abgesehen von den hier ausscheidenden Fällen, wo die Leistung zunächst ohne jede wucherische Absicht erfolgt und erst später in einer wucherischen Vereinbarung auf sie Bezug genommen worden ist, man denke z. B. an Geschäftsführung ohne Auftrag.

[2] COHN bei GRUCHOT, Beitr. zur Erltrg. des deutsch. Rechts Bd. 41, 1. Jahrg. 1897 S. 793ff.; ebenso NEUBECKER in der D. Jur.-Ztg. 1902 S. 568ff.; ebenda 1903 S. 41 ECCIUS; desgl. STAUDINGER 2. Bd. 2. Abt. S. 841 unter δ.

[3] Abweichend COHN in der D. Jur.-Ztg. 1904 S. 854ff.

[4] a. a. O.

[5] Zu vergl. BRINZ, Pand. 2. Bd. S. 532 § 302.

bestanden habe, das römische Kondiktionenrecht darzustellen. Das „gleichfalls" im § 817 sei mithin nicht logisch, sondern nur grammatisch, satzverbindend zu deuten, d. h. nicht in dem Sinne, daß für den Ausschluß der Zurückforderung lediglich die doppelseitige Unsittlichkeit des Empfängers wie des Gebers maßgebend wäre. Auch folge die gegebene Interpretation von § 817 Satz 2 aus der Entstehungsgeschichte des Gesetzes.[1]

Zu demselben Ergebnis gelangt DERNBURG unter folgenden Erwägungen: Wenn nach § 817 BGB. eine Rückforderung ausgeschlossen sei, dafern dem Leistenden und dem Empfänger ein Verstoß gegen die guten Sitten zur Last falle, so sei dies analog auf Fälle anzuwenden, in denen, wie beim Wucher, den Leistenden allein ein solcher Verstoß treffe.[2]

Auch DERNBURG verweist auf die genannte Digestenstelle und deutet sie wie NEUBECKER.

Für Ausschluß der Kondiktion sind auch v. MAYR,[3] KOHLER[4] und abweichend von seinen in der D. Jur.-Ztg. 1904 S. 854ff. enthaltenen Ausführungen COHN,[5] sowie schließlich ganz allgemein LOTMAR,[6] REHBEIN[7] und HACHENBURG.[8]

Alle diese Schriftsteller sprechen also dem Satz 2 von § 817 eine selbständige Bedeutung in dem Sinne zu, daß er nicht nur

[1] Zu vergl. auch COHN in der D. Jur.-Ztg. 1904 S. 854: man wird nun den Text nicht so lesen dürfen, daß, weil auf seiten des Empfängers der Tatbestand des § 817 fehle, dieser auch rücksichtlich des Gebers nicht anwendbar sei. Das „gleichfalls" im zweiten Satz nötigt nicht zu der Annahme, daß der erste Satz als eine Voraussetzung des Tatbestandes erscheine.

[2] DERNBURG, bürg. Recht 1. Bd. S. 430, II und ebenda Anm. 17: „geht man hiervon aus, so ist durch Beseitigung des Art. 3 des Gesetzes vom 24. Mai 1880 eine sehr weitgehende Änderung des Rechtszustandes erfolgt, welchen der Art. 3 regelte. Allerdings aber scheint eine solche Änderung bei Aufnahme des Art. 47 des EG. zum BGB. nicht die Absicht gewesen zu sein". Derselbe auch zu vergl. Preuß. Privatr. 2. Bd. S. 893 § 292, 1 a.

[3] Der Bereicherungsanspruch S. 584.

[4] Ideale im Recht im Arch. für bürg. Recht 5. Bd. S. 244 Anm. 93.

[5] Bei GRUCHOT, Beitr. zur Erltrg. des deutsch. Rechts 41. Bd. 1. Jahrg. 1897 S. 793ff.

[6] a. a. O. S. 76.

[7] Komm. 1. Bd. S. 188.

[8] Vorträge S. 60.

eine Ausnahme von der Regel des Satzes 1 bestimmen, sondern für alle Fälle, in denen nach allgemeinen Grundsätzen eine Kondiktion gewährt ist, vorschreiben wolle, turpitudo solius domtis schließe deren Geltendmachung aus.

Was zunächst die von NEUBECKER und anderen Schriftstellern zitierte Digestenstelle anlangt, so ist auch deren Inhalt verschieden von der Auslegung NEUBECKERS, DERNBURGS sowie v. MAYRS gedeutet worden.

Enthält sie wirklich das von NEUBECKER verteidigte „Rechtsprinzip“?

Lex 4 D. 12, 5 behandelt die condictio ob turpem causam, die eine turpitudo auf seiten des Empfängers zur Voraussetzung hat, aber, wie ULPIAN dort behauptet, nicht durchgreife, wenn dem Leistenden ebenfalls turpitudo zur Last falle. Nur im Zusammenhange damit kann die herangezogene und im § 3 derselben lex zitierte Digestenstelle ihre Erklärung finden. Sie will unseres Erachtens dem Sinne nach nur folgendes besagen: es sei die Ansicht vertreten (von LABEO und MARCELLUS), daß wegen dieser doppelseitigen turpitudo der einer Dirne gegebene Lohn nicht zurückgefordert werden könne. Hier greife nun allerdings eine condictio ob turpem causam nicht Platz; nicht deswegen sei sie aber ausgeschlossen, weil beiderseits turpitudo obwalte, sondern weil lediglich den Geber turpitudo treffe. Die Dirne handele unsittlich, was ihr Gewerbe, nicht aber das Annehmen des Lohnes anlange, d. h. da die Voraussetzung einer condictio ob turpem causam — nämlich verwerflicher Empfang — nicht vorliege, solle der Geber sich für diese Kondiktion, die ja die Stelle allein im Auge hat, nicht etwa auf seine eigene Unsittlichkeit berufen können.[1]

Nur das soll hier festgestellt werden, nicht aber, daß eine nach allgemeinen Grundsätzen begründete Kondiktion deswegen ausgeschlossen sein soll, weil die Gesinnung des Kondizierenden bei Vornahme seiner Leistung verwerflich gewesen ist. Lediglich um die alleinige Voraussetzung der condictio ob turpem causam, die Unsittlichkeit des Empfängers bei Annahme einer Leistung,

[1] Zu vergl. ECCIUS in der D. Jur.-Ztg. 1903 S. 41ff.

desto schärfer hervorzuheben, ist im Zusammenhange damit der turpitudo solius dantis Erwähnung getan.

NEUBECKER ist zuzugeben, daß für seine Auffassung des § 817 Satz 2 die Entstehungsgeschichte desselben gewisse Anhaltspunkte bietet. § 742 E. I bestimmte nämlich:

> Wer unter der ausdrücklich oder stillschweigend erklärten Voraussetzung des Eintritts oder Nichteintritts eines künftigen Ereignisses oder eines rechtlichen Erfolges eine Leistung bewirkt hat, kann, wenn die Voraussetzung sich nicht erfüllt, von dem Empfänger das Geleistete zurückfordern,

und im Zusammenhange hiermit sagte § 743 desselben Entwurfes:

> Die Rückforderung ist ausgeschlossen: 1. wenn die Voraussetzung, unter welcher geleistet worden ist, von der Art ist, daß von dem Geber durch die Leistung gegen die guten Sitten oder die öffentliche Ordnung verstoßen worden ist usw.

Wenn man auch später die Vorschrift des § 743 Ziff. 1 E. I fortgelassen hat, so läßt sich daraus zunächst noch nicht mit Sicherheit schließen, daß damit der Standpunkt des ersten Entwurfes auch wirklich verlassen werden sollte.[1] Daß dies aber schließlich doch geschehen ist, beweisen Stellung und Wortlaut („gleichfalls") von § 817 Satz 2 im jetzigen Gesetzestexte.[2] Danach kann eben Satz 2 nur von Bedeutung sein gegenüber einem Anspruch, der die verwerfliche Gesinnung des Empfängers einer Leistung zur Voraussetzung hat. Nicht satzverbindend, wie NEUBECKER meint, sondern logisch ist das „gleichfalls" zu deuten. Wenn sich auch zugestandenermaßen der Widerspruch zwischen der Entstehungsgeschichte des § 817 und dem heutigen Gesetzestexte nicht verleugnen läßt, so bleibt es doch eine unumstößliche Tatsache, daß für die Auslegung eines Gesetzes in erster Linie sein Text von ausschlaggebender Bedeutung sein muß. Nach

---

[1] Zu vergl. Protokolle II. Komm. 2. Bd. S. 702.

[2] Hierzu PLANCK 2. Bd. S. 949 unter 4: die Stellung des Satzes 2 in dem § 817 und das unzweideutig auf den Satz 1 bezugnehmende Wort „gleichfalls" im Satz 2 sprechen offenbar gegen die letztgedachte Auffassung (d. h. die von NEUBECKER vertretene).

diesem läßt sich § 817 aber nur dahin interpretieren: Grundlage für die hier gewährte Kondiktion ist allein der verwerfliche Empfang.[1] Dieser Gesichtspunkt soll aber da dem Leistenden nicht mehr zur Zurückforderung des von ihm Gewährten verhelfen können, wo er bei dessen Hingabe selbst verwerflich handelte.[2]

Beachtung verdient hier eine Entscheidung des Reichsgerichts, wo zwar zugegeben wird, daß Stellung und Wortlaut von Satz 2 des § 817 „jedenfalls" die eben vertretene Auslegung zulassen, indessen aus der Einheitlichkeit des Bereicherungsanspruches gefolgert wird, daß Satz 2 gegenüber jedem Bereicherungsanspruche Anwendung finden müsse. Beschränke man das Geltungsgebiet von § 817 Satz 2 aber in der oben genannten Weise, so sei die Folge, daß der Kläger beim Vorliegen doppelseitiger Unsittlichkeit seinen Anspruch nur nach § 812 BGB. zu begründen brauche, um mit der Kondiktion durchzudringen.[3]

Diese Befürchtung erweist sich unseres Erachtens insofern als grundlos, als es vom Gesetze nicht in die Hand des Kondizierenden gegeben ist, da, wo es beim Vorliegen eines bestimmten Tatbestandes eine Zurückforderung verbietet, etwas, weil „ohne rechtlichen Grund erlangt", aus einem anderen Gesichtspunkte zurückzufordern.[4] Dies schließt nun aber die Einheitlichkeit des Bereicherungsanspruches aus, ohne daß dabei erforderlich und angängig wäre, § 817 Satz 2 auch gegenüber einem nicht auf § 817 Satz 1 gestützten Bereicherungsanspruche in Anwendung zu bringen. Hierzu nötigt die Einheitlichkeit des Bereicherungsanspruches unseres Erachtens nicht.

Wollte man § 817 Satz 2 Bedeutung gegenüber jedem — nicht nur nach § 817 Satz 1 — begründeten Kondiktionsrecht beimessen, so könnte man dabei nur an eine Bestrafung des Leistenden denken. Ob das Zivilrecht aber hierzu geeignet sein dürfte, erscheint mehr als zweifelhaft, kann auch nicht im Sinne

[1] Zu vergl. Motive 2. Bd. S. 849.

[2] Nach dem Grundsatze: in pari turpitudine melior est conditio possidentis D. 12, 5 lex 3.

[3] RG. Bd. 63 S. 346.

[4] Zu vergl. v. Mayr S. 43 in fine.

des Gesetzes liegen, das überhaupt einen allgemeinen Satz des Inhaltes, eine gesetz- oder sittenwidrige Leistung könne nicht kondiziert werden, nicht aufgestellt hat.[1]

Nach alledem kann es nicht zutreffend genannt werden, schon auf die Tatsache hin, daß der Wucherer nach dem Zwecke, zu dem er leistet, gegen die guten Sitten verstößt, unter Bezugnahme auf § 817 Satz 2 oder gar im Wege eines Analogieschlusses, wie es Dernburg getan hat,[2] die Kondiktion dem Wucherer zu verweigern.[3] Dafür vermag auch die durch den Text des Bürgerlichen Gesetzbuches jedenfalls nicht bewiesene Behauptung Cohns keinen hinreichenden Grund zu bieten, daß das Gesetz immer die Gesetzwidrigkeit oder die Unsittlichkeit des Zweckes treffen wolle, gleichgültig, ob sie dem Empfänger oder dem Rückfordernden zur Last falle.[4]

§ 7.

Ausschluß der Kondiktion und Ergebnis.

Ist für den Wucherer nach allgemeinen Grundsätzen also eine Kondiktion begründet, so steht ihrer Geltendmachung nichts im Wege. Damit ist im Prinzip der Standpunkt des früheren Rechts auch im Bürgerlichen Gesetzbuche beibehalten worden, wenn auch, wie noch zu zeigen sein wird, nicht ohne jegliche Ausnahme. Eine solche wird nämlich da eintreten, wo der Wucherer seine Leistung entweder zum Zwecke der Erfüllung einer Verbindlichkeit und in Kenntnis von dem Nichtbestehen seiner Verpflichtung oder in Kenntnis von der Unmöglichkeit des mit der Leistung bezweckten Erfolges bewirkt hat.

Leistet der Wucherer zunächst, wie der Wortlaut des an früherer Stelle hervorgehobenen Artikel 3 besagt, „aus dem ungültigen Vertrage", so fragt es sich, von welchem Willen er sich dabei leiten läßt.

---

[1] Staudinger 2. Bd., 2, S. 841 unter δ.

[2] Zu vergl. oben S. 29.

[3] Im Ergebnis ebenso Eccius a. a. O.; Planck 1. Bd. S. 251 unter 4. zu § 138; Staudinger a. a. O.

[4] In der D. Jur.-Ztg. 1904 S. 854ff.

Soll man wie COHN[1] davon ausgehen, daß der Wucherer, wenn er leiste, mit einem bestimmten Zweck regelmäßig überhaupt nicht operiere, dieser vielmehr für ihn indifferent sei? Das erscheint schon nach dem früher Gesagten ausgeschlossen, wonach die Leistung des Wucherers als Vermögenszuwendung stets einen ihm auch sehr wohl gegenwärtigen Zweck verfolgt. Nur um dieses Zweckes, des wucherischen Rechtsgeschäftes willen, leistet er auch und zwar allein deshalb, weil es im wucherischen Vertrage so vereinbart ist.

Danach kann sein Wille aber auf nichts anderes als Erfüllung gerichtet sein, gleichgültig, ob er vor oder nach dem Bewucherten leistete. Erfüllt werden soll dabei der wucherische Vertrag, eine „Verbindlichkeit" im Sinne des § 814 BGB., mag nun der Wucherer ihre Nichtigkeit und das Nichtbestehen seiner Verpflichtung zur Leistung gekannt haben oder nicht.

Erfüllen will der Wucherer hier immer. Denn auch dann, wenn ihm wirklich jene Kenntnis seines Nichtverpflichtetseins bei Vornahme der Leistung gegenwärtig gewesen ist, wird ihm naturgemäß doch alles daran gelegen sein, die nicht bestehende Verbindlichkeit wenigstens als gültig behandelt zu wissen.[2]

Nun bestimmt aber § 814 BGB.:

> Das zum Zwecke der Erfüllung einer Verbindlichkeit Geleistete kann nicht zurückgefordert werden, wenn der Leistende gewußt hat, daß er zur Leistung nicht verpflichtet war, oder wenn usw.

Steht also fest, daß der Wucherer jene Kenntnis hatte, so wird er dem Nachteile, dem er in diesem Falle durch die Vorschrift des § 814 BGB. ausgesetzt ist, nicht dadurch entgehen können, daß er seine Zurückforderung vielleicht auf den allgemeinen Bereicherungsanspruch des § 812 Satz 1 BGB. stützt. Dies folgt aus Gründen, die in der Einheitlichkeit des Bereicherungs-

---

[1] In der D. Jur.-Ztg. 1904 S. 854ff.

[2] Es kann also unseres Erachtens nicht schlechthin behauptet werden, daß, wie die Motive 2. Bd. S. 833 annehmen, derjenige, der in Kenntnis von dem Nichtbestehen einer Verbindlichkeit geleistet habe, überhaupt nicht zum Zwecke der Erfüllung einer Verbindlichkeit geleistet haben könne.

anspruches zu suchen sind und bereits an anderer Stelle Berücksichtigung gefunden haben.[1]

Ebensowenig, wie hier der Wucherer mit der Kondiktion durchdringen würde, wird er dann damit Erfolg haben, wenn seine Leistung dem Wuchergeschäfte selbständig vorausging und er sie nicht nur in Erwartung von dessen späteren Abschlusse, sondern auch in Kenntnis seiner Nichtigkeit und damit rechtlichen Unmöglichkeit des mit ihr angestrebten Erfolges bewirkte.

Auch hier wird der Wucherer gemäß § 815 BGB.s auf die Kondiktion des Geleisteten verzichten müssen, da dort ausdrücklich erklärt wird:

> Die Rückforderung wegen Nichteintrittes des mit einer Leistung bezweckten Erfolges ist ausgeschlossen, wenn der Eintritt des Erfolges von Anfang an unmöglich war und der Leistende dies gewußt hat oder usw.

Schon nach dem über die Konkurrenzfähigkeit des Bereicherungsanspruches Gesagten würde eine Kondiktion des Wucherers aber da ausgeschlossen sein, wo seine dem Wuchergeschäft selbständig vorangegangene Leistung mit einem die Konkurrenz des Bereicherungsanspruches nicht zulassenden besonderen Anspruch zurückgefordert werden könnte.

Nicht ganz mit Unrecht ließe sich nun annehmen, dem Wucherer müsse nach dem Zwecke seiner Leistung auch regelmäßig bekannt sein, daß er zu ihrer Vornahme nicht verpflichtet bzw. der mit ihr angestrebte Erfolg unmöglich sei.[2] Diese Annahme kann indessen nicht unwiderleglich genannt werden und das Gegenteil ist sehr wohl denkbar, ja man muß sogar von ihm ausgehen, will man nicht mit dem Gesetz in Widerspruch geraten.

---

[1] Oben S. 32.

[2] Zu vergl. hierzu Planck 2. Bd. S. 949 Erltrg. 4 zu § 817: Hervorzuheben ist noch, daß in denjenigen Fällen, in welchen die Leistung zum Zwecke der Erfüllung eines wegen Verstoßes gegen ein gesetzliches Verbot oder gegen die guten Sitten verstoßenden nichtigen obligatorischen Rechtsgeschäftes erfolgt und dem Leistenden nach dem Zwecke der Leistung ein solcher Verstoß zur Last fällt, ihm immer auch bekannt sein wird, daß er zu der Leistung nicht verpflichtet war usw.

Liegt nämlich dem Wucherer der Nachweis ob, daß der Bewucherte auf seine Kosten ungerechtfertigt bereichert sei, so ist es Sache des Bewucherten, „alle Umstände zu beweisen, die seine Herausgabepflicht mindern oder ausschließen, die rechtshindernden Tatsachen“.[1]

Der Bewucherte muß also die Tatsachen anführen, aus denen erhellt, daß der Wucherer die in Frage gestellte Kenntnis bei Vornahme seiner Leistung wirklich besessen hat. Wenn z. B. auch nach Lage des Falles für erwiesen gelten kann, daß der Wucherer jene Kenntnis hätte haben müssen, so würde das für den Ausschluß seiner Kondiktion noch nicht genügen, ja diese würde sogar dann von Erfolg begleitet sein, wenn sich der Wucherer vielleicht über die Verpflichtung zur Leistung oder die Möglichkeit des mit ihr bezweckten Erfolges in einem nicht zu entschuldigenden Rechtsirrtume befand. Nach den Worten des Gesetzes:

> wenn der Leistende gewußt hat, daß er zu der Leistung nicht verpflichtet war,

sollte eben „in unzweideutiger Weise der Irrtum aus der Reihe der rechtserzeugenden Tatsachen ausgeschaltet, wenn man will, die Vermutung des Irrtumes zugunsten des Klägers gesetzlich festgelegt und in dem Gewande der Kenntnis den von dem Beklagten zu beweisenden rechtsvernichtenden Tatsachen zugestellt werden“.[2]

Danach liegt es auf der Hand, daß der Wucherer seiner Beweispflicht leichter wird genügen können als der Bewucherte, der somit rechtlich eine minder bevorzugte Stellung einnimmt wie jener.

Dieses Ergebnis kann indessen nicht unbefriedigend genannt werden. Nur recht und billig ist es, daß der Wucherer, der vielleicht eine Summe von Hunderttausenden ausgeliehen hat, ein solches Vermögen nicht ohne weiteres verlieren und dadurch Schaden erleiden soll, daß ihn bei Hingabe dieser Leistung nach deren Zweck ein Verstoß gegen die guten Sitten trifft. Wohin

---

[1] v. Mayr S. 693.

[2] v. Mayr S. 697; zu vergl. auch Mot. II S. 833.

würde es führen, wollte man aus diesem Grunde von vornherein dem Wucherer die Kondiktion versagen, es würde ihn nicht bloß einer ungerechtfertigten und zu dem erstrebten Gewinn oft nicht in richtigem Verhältnis stehenden Härte aussetzen, sondern auch rücksichtlich des anderen Teils äußerst bedenklich sein.[1] Ja es stände hier zu befürchten, wie COHN sehr richtig meint, daß die Spekulation des Bewucherten auf die Zurückbehaltung und den Gewinn des durch die Bewucherung Erlangten keine vergebliche sein werde und der Bewucherte, nicht immer der bessere Mensch, als Prämie des Wuchergeschäftes Leistungen behalten dürfe, die vielleicht zur Befriedigung dringender Bedürfnisse Verwendung gefunden haben.[2]

Die Möglichkeit zur Kondiktion des Geleisteten soll der Wucherer nur da verlieren, wo er zum Zwecke der Erfüllung des wucherischen Vertrages in voller Kenntnis vom Nichtbestehen einer Verpflichtung zu seiner Leistung diese bewirkte oder wo ihm die Unmöglichkeit des mit ihr angestrebten Erfolges wohl bekannt war. Denn in diesen Fällen hat er sich den Verlust selbst zuzuschreiben, falls er aus bloßer Spekulationssucht und lediglich um der unerlaubten Vorteile willen Vermögen aufs Spiel setzte.

Hätte man mit der Aufhebung des Art. 3 der Reichswuchergesetze zugleich die Beseitigung der Kondiktion des Wucherers beabsichtigt, so wäre eine derartige Änderung des früheren Rechtszustandes entschieden deutlicher zum Ausdrucke gekommen, als sie, wie dargelegt, behauptet worden ist.

Daß heute das in Art. 3 dem Wucherer eingeräumte Privileg hinweggefallen ist, wonach für sein Kondiktionsrecht die für die ertragsmäßige Forderung geleistete Sicherheit haftete, sei nur erwähnt.

Über den Umfang der Herausgabepflicht des Bewucherten gelten die allgemeinen Vorschriften der Lehre von der ungerechtfertigten Bereicherung.

---

[1] Motive zum Wuchergesetz von 1880 in den „Stenograph. Berichten über die Verhandlungen des Reichstags" (4. Legislaturperiode III. Sess. 1880) 3. Bd. S. 376.

[2] COHN in der D. Jur.-Ztg. 1904 S. 854ff.

Literaturverzeichnis.

1. Bekker, System des heutigen Pandektenrechts. Bd. 2. Wismar 1889.
2. Bericht der Reichstagskommission über den Entwurf eines Bürgerlichen Gesetzbuches und Einführungsgesetzes. Berlin 1896.
3. Brinz, Lehrbuch der Pandekten. 2. Aufl. Erlangen 1879.
4. von Buchka, Vergleichende Darstellung des BGB. für das Deutsche Reich und des gemeinen Rechts. 1. Aufl. Berlin 1897.
5. Cohn bei Gruchot, Beiträge zur Erläuterung des deutschen Rechts. 1. Jahrg. 1897, Bd. 41 S. 793ff.
6. Derselbe in der D. Jur.-Ztg. 9. Jahrg. 1904 Nr. 18 S. 854ff.
7. Collatz, Ungerechtfertigte Vermögensverschiebung. Berlin 1899.
8. Derselbe in Jherings Jahrbüchern für Dogm. des bürgerl. Rechts. Bd. 40. Jena 1899.
9. Cosack, Lehrbuch des deutschen bürgerl. Rechts. 1. Bd. 4. Aufl. Jena 1903 und 1. Bd. 3. Aufl. Jena 1900.
10. Crome, System des bürgerl. Rechts. 2. Bd. 2. Hälfte. Tübingen und Leipzig 1902.
11. Dernburg, Lehrbuch des Preuß. Privatrechts und der Privatrechtsnormen des Reichs. 2. Bd. 5. Aufl. Halle a. S. 1897.
12. Derselbe, Das bürgerl. Recht des Deutschen Reiches und Preußens. 1. Bd. 3. Aufl. Halle a. S. 1906, sowie 2. Bd. 3. Aufl. Halle a. S. 1905.
13. Eccius, „Kondiktion des Wucherers nach Bürgerlichem Gesetzbuche“ in der D. Jur.-Ztg. 8. Jahrg. 1903 Nr. 2 S. 41ff.
14. Eck, Vorträge über das BGB. 2. Ausgabe. Berlin 1898.
15. Endemann, Lehrbuch des bürgerl. Rechts. 8. u. 9. Aufl. 1. Bd. Berlin 1903.
16. Derselbe, Zivilrechtliche Wirkung der Verbotsgesetze. 1887.
17. Enneccerus und Lehmann, Das bürgerliche Recht. 1. Bd. 2. Buch (Schuldverhältnisse). 2. Aufl. Marburg 1901.
18. Enneccerus, Das bürgerl. Recht. 1. Bd. 1. Liefrg. 3. Aufl. 1905 und 2. Liefrg. 3. Aufl. 1905.
19. Entscheidungen des Reichsgerichts in Zivilsachen. Bd. 8, 36, 39, 57, 68.
20. Erlanger, Der Gesetzeswiderspruch der §§ 134, 138 BGB. mit § 817 BGB. Erl. Inaug.-Diss. 1904.

21. Förster-Eccius, Preuß. Privatrecht. 7. Aufl. Berlin 1896.
22. Hachenburg, Das Bürgerliche Gesetzbuch, Vorträge. 2. Aufl. Mannheim 1905.
23. Hellmann, Vorträge über das BGB. Allgem. Teil. 1897.
24. Hölder, Kommentar zum BGB. 1. Bd. München 1900.
25. Jacobi, Recht, Sitte und Sittlichkeit, ein Beitrag zur Begriffslehre des Deutschen BGB. in Jherings Jahrb. Bd. 41. Jena 1900.
26. Jung, Die Bereicherungsansprüche und der Mangel des rechtl. Grundes. Leipzig 1902.
27. Koffka, Die Reichswuchergesetze. Berlin 1894.
28. Klingmüller, Begriff des Rechtsgrundes, seine Herleitung und Anwendung. Breslau 1901.
29. Derselbe, Das Schuldversprechen und Schuldanerkenntnis des Bürgerl. Gesetzbuches für das Deutsche Reich. Jena 1903.
30. Kohler, Die Ideale im Recht, Archiv für bürgerl. Recht. Bd. 5.
31. Lotmar, Der unmoralische Vertrag. Leipzig 1896.
32. Matthiass, Lehrbuch des bürgerl. Rechts. 1. Bd. 3. u. 4. Aufl. Berlin 1900.
33. Matthiessen, in der D. Jur.-Ztg. 1907 S. 534.
34. von Mayr, Der Bereicherungsanspruch des deutschen bürgerl. Rechts. Leipzig 1903.
35. Meisner, Die Reichswuchergesetze. Berlin 1894.
36. Motive zum Entwurf eines Bürgerlichen Gesetzbuches für das Deutsche Reich, amtliche Ausgabe. Berlin und Leipzig 1888.
37. Motive zum Wuchergesetz von 1880 in den „Stenograph. Berichten über die Verhandlungen des Reichstags", 4. Legislaturperiode, III. Session 1880. 3. Bd. Berlin 1880.
38. Neubecker, „Die zivilistische Stellung des Wucherers" in der D. Jur.-Ztg. 7. Jahrg. 1902 Nr. 24 S. 568ff.
39. Derselbe, „Der abstrakte Vertrag" im Archiv für bürgerl. Recht. Bd. 22 Heft 1 S. 34ff. Berlin 1903.
40. Neumann, Handausgabe des Bürgerlichen Gesetzbuches. 1. Bd. (1 bis 3. Buch). Berlin 1905.
41. Derselbe, im Jahrbuch des Rechts 3. Jahrg. (Berlin 1905) zu § 138 und § 817 BGB.
42. Oertmann, „Das abstrakte Geschäft im deutschen Bürgerlichen Gesetzbuche" in der Allgem. Österr. Gerichtsztg. 48. Jahrg. Nr. 32 S. 249—253.
43. Derselbe, „Abstrakte Versprechen aus rechtswidrigem Verpflichtungsgrund" in der D. Jur.-Ztg. 7. Jahrg. 1902 Nr. 5 S. 105—108.
44. Derselbe, Kommentar zum BGB. Das Recht der Schuldverhältnisse. Berlin 1899.
45. Planck, Kommentar zum Bürgerl. Gesetzbuch. 1. Bd. 3. Aufl. Berlin 1903 und 2. Bd. 3. Liefrg. 3. Aufl. Berlin 1907.
46. Protokolle der Kommission für die 2. Lesung des Entwurfes eines Bürgerlichen Gesetzbuches. 2. Bd. Berlin 1898.

47. REHBEIN, Das Bürgerliche Gesetzbuch mit Erläuterungen. 1. Bd. Berlin 1899.
48. SCHERER, Das Bürgerliche Gesetzbuch. 2. Bd. Recht der Schuldverhältnisse. Erlangen 1899.
49. SCHOLLMEYER, Kommentar zum Bürgerlichen Gesetzbuch. 2. Bd. 1. Abt München 1900.
50. J. A. SEUFFERTS Archiv für Entscheidungen der obersten Gerichte in den deutschen Staaten. Bd. 19, 38, 47, 49.
51. STAMMLER, Die Lehre von dem richtigen Rechte. Berlin 1902.
52. Derselbe, Zur Lehre von der ungerechtfertigten Bereicherung nach dem Bürgerlichen Gesetzbuch. Halle a. S. 1903.
53. STAUDINGER, Kommentar zum Bürgerlichen Gesetzbuch. 3. u. 4. Aufl.
54. STIEVE, Gegenstand des Bereicherungsanspruches nach dem BGB. Straßburg 1899.
55. STROHAL, „Rechtsübertragung und Kausalgeschäft". Jahrb. für Dogm. Bd. 27 S. 335 ff.
56. VON TUHR, Zur Lehre von den abstrakten Schuldverträgen nach dem Bürgerlichen Gesetzbuch. Leipzig 1903.
57. WARNEYER, Jahrbuch der Entscheidungen auf dem Gebiete des Zivil-, Handels- und Prozeßrechts. Leipzig 1907.
58. WINDSCHEID-KIPP, Lehrbuch des Pand.-Rechts. Frankfurt a. M. 1900.
59. WEYL, Vorträge über das Bürgerliche Gesetzbuch. 1. Bd. München 1898.
60. ZITELMANN, Die Rechtsgeschäfte im Entwurf eines Bürgerlichen Gesetzbuches für das Deutsche Reich. Berlin 1890.

Kolibri 360 GmbH
Ferdinand-Jühlke-Straße 7
99095 Erfurt, Deutschland
produktsicherheit@kolibri360.de